AF226489

# NOTICE

SUR

## LES TRAVAUX SCIENTIFIQUES

## ET LES SERVICES

DU VICE-AMIRAL

# JURIEN DE LA GRAVIÈRE

AIDE DE CAMP DE L'EMPEREUR

MEMBRE DU CONSEIL D'AMIRAUTÉ

ET DE LA COMMISSION SCIENTIFIQUE

DU MEXIQUE.



PARIS

IMPRIMERIE GÉNÉRALE DE CH. LAHURE

RUE DE FLEURUS, 9

1865

# SOMMAIRE.

TRAVAUX SCIENTIFIQUES.

Quatre ouvrages relatifs à la navigation et à la guerre maritime, formant sept volumes. — Reconnaissance hydrographique des côtes méridionales de l'île de Sardaigne (six cartes particulières et une carte générale). — Exploration des plateaux sous-marins du canal de Malte. — Découverte d'une île près des côtes du Japon. — Levé sous voiles du canal des Bashis. — Observations météorologiques recueillies d'heure en heure, pendant quarante mois, dans les mers de Chine. — Documents nautiques et hydrographiques sur les côtes de Dalmatie, de la Vénétie et du golfe du Mexique, déposés aux Archives du dépôt des cartes et plans de la marine.

COMMANDEMENTS ET CAMPAGNES.

Le cutter *le Furet*. — Station des côtes d'Espagne du 1er juillet 1836 au 29 novembre 1837 ;

Le brick *la Comète*. — Station du Levant. — Côtes d'Espagne. — Côtes de Sardaigne — du 18 mars 1839 au 20 septembre 1842 ;

Le brick *le Palinure*. — Station de Barcelone, du 9 septembre 1843 au 1er octobre 1845 ;

La corvette *la Bayonnaise*. — Voyage autour du monde, du 1er février 1847 au 1er janvier 1851 ;

La frégate *l'Uranie*. — École de canonnage, du 22 novembre 1852 au 1er novembre 1853 ;

Campagne de Crimée. — Bombardement de Sébastopol. — Expédition de Kertch. — Prise de Kinburn — du 10 novembre 1853 au 2 décembre 1855 ;

Campagne de l'Adriatique. — Blocus de Venise — du 12 novembre 1857 au 12 décembre 1859 ;

Expédition du Mexique, du 11 novembre 1861 au 29 mai 1863.

DURÉE DES SERVICES.

A la mer. . . . . 25 ans    4 mois    22 jours.
En guerre . . . .    3 —       6 —       11 —

Total général au 1er octobre 1865 :

36 ans    11 mois    15 jours.

# NOTICE

SUR

## LES TRAVAUX SCIENTIFIQUES

ET LES SERVICES

DU VICE-AMIRAL

## JURIEN DE LA GRAVIÈRE

A L'APPUI DE SA CANDIDATURE A L'ACADÉMIE DES SCIENCES

(SECTION DE GÉOGRAPHIE ET DE NAVIGATION)

La perte si regrettable que l'Académie vient de faire dans la personne de M. le capitaine de frégate Duperrey laisse une place vacante dans la section de géographie et de navigation. Cette section a vu figurer dans ses rangs le vice-amiral de Bougainville et le capitaine de vaisseau de Fleurieu, le contre-amiral de Rossel et le capitaine de vaisseau de Freycinet, enfin l'illustre amiral Roussin dont j'ai été, en 1843, le premier aide de camp. Pour aspirer à l'honneur de succéder à de tels officiers, j'attendais, malgré les instances bienveillantes de quelques amis, que mes services dans le corps auquel j'appartiens eussent acquis à mon nom quelque notoriété. J'attendais surtout une occasion favorable. Aujourd'hui que l'Académie doit s'occuper de remplacer un navigateur, je crois pouvoir lui rappeler les longues et périlleuses navigations que j'ai accomplies ; je crois pouvoir aussi me permettre d'appeler son attention sur les travaux hydrographiques et sur les publications spéciales dont elle a daigné, il y a bientôt un an, agréer l'hommage.

Je n'ai point à insister ici sur mes services militaires : je ne dois cependant oublier aucun des titres que je puis invoquer pour obtenir l'insigne honneur auquel j'ose prétendre.

Entré dans la marine en 1828, j'ai eu le bonheur d'apprendre mon métier à une excellente école. Pendant près de sept années consécutives, j'ai servi sous les ordres de l'amiral Lalande, comme aspirant, comme enseigne de vaisseau, comme lieutenant de vaisseau, en qualité d'aide de camp et en qualité de capitaine. Plus tard, chef d'état-major de l'escadre de la mer Noire, j'ai trouvé près d'un autre chef des enseignements non moins utiles. J'étais auprès de l'amiral Bruat dans la journée du 17 octobre 1854, quand les flottes alliées bombardèrent les batteries de Sébastopol ; au mois de mai 1855, je dirigeai, d'après ses instructions, le débarquement des troupes qui marchèrent sur Kertch, et quand ces troupes s'avancèrent sur Iénikalé, je couvris leur flanc droit avec une division d'avisos à vapeur. L'expédition de Kinburn couronna brillamment cette campagne où notre amiral avait usé les derniers restes de ses forces défaillantes. L'escadre de la mer Noire ramenait en France les bataillons de la garde impériale ; elle avait déjà vidé l'archipel, quand la mort vint saisir celui que les acclamations de ses concitoyens et les embrassements de sa famille attendaient à Toulon. J'eus la triste mission de conduire au port cette escadre désolée.

Élevé au grade de contre-amiral le 1er décembre 1855,

j'apportai dans le conseil de guerre qui s'assembla aux Tuileries, sous la présidence de l'Empereur, le tribut d'une expérience qui se composait surtout de souvenirs. Je ne pouvais être dans cette réunion que le représentant de l'amiral dont la voix ne pouvait plus se faire entendre. On voulut donner un dernier témoignage d'estime à cette illustre mémoire : sur la proposition du général Bosquet et de l'amiral Lyons, la commission dont je faisais partie, et qui devait étudier plus particulièrement la situation des affaires en Crimée, me confia le soin de rédiger le rapport que je présentai en son nom à l'Empereur. J'ai donc eu l'heureuse fortune, dans cette guerre mémorable, d'assister à toutes les opérations auxquelles la marine a pris part, à tous les conseils où il lui a été demandé ses avis ou son concours.

Une nouvelle guerre promettait à notre arme un rôle plus actif encore. Pendant qu'une grande expédition navale se préparait à Toulon, je fus chargé de maintenir avec deux vaisseaux et une frégate le blocus de Venise. Je réussis à intercepter complétement les communications entre ce port et Trieste d'où venaient, avant notre arrivée dans l'Adriatique, les renforts et les approvisionnements envoyés de la haute Autriche à l'armée d'Italie. J'avais dû le commandement de cette division d'avant-garde à la mission que j'avais remplie l'année précédente sur les côtes du Montenegro et aux renseignements hydrographiques que, durant un séjour de huit mois dans l'Adriatique, je m'étais trouvé en mesure de recueillir.

Le souvenir de la situation délicate dans laquelle je m'étais trouvé pendant cette mission me désigna peut-être au choix de l'Empereur pour le commandement de l'expédition que, vers la fin de l'année 1861, on s'occupait de préparer contre le Mexique. J'obtins à la fois de la coufiance du Souverain les pouvoirs de plénipotentiaire, le commandement des troupes de terre et celui des forces navales. Promu au grade de vice-amiral le 15 janvier 1862, je conservai le triple caractère dont j'avais été investi, jus-qu'au jour où les préliminaires connus sous le nom de *convention de la Soledad* n'ayant point été approuvés par le gouvernement de l'Empereur, les pouvoirs diplo-matiques et le commandement en chef des troupes pas-sèrent en d'autres mains. Le commandement des forces navales me fut seul conservé. Quand cette décision parvint au Mexique, elle trouva les Anglais partis pour Halifax, les Espagnols en retraite sur la Vera-Cruz, et nos troupes en pleine marche sur Mexico. Je revins en Europe ap-porter à l'Empereur les explications qu'exigeaient des com-plications aussi imprévues. L'Empereur ne tarda point à décider l'envoi de renforts importants au Mexique. Il voulut bien me confier le soin de diriger les opérations maritimes auxquelles allait donner lieu l'arrivée de ces renforts. J'arborai mon pavillon sur *la Normandie,* et j'eus ainsi l'honneur de conduire de Cherbourg à Vera-Cruz le premier navire cuirassé qui ait traversé l'Atlantique. Pen-dant cette seconde campagne, j'ai fait occuper successive-ment tous les points du littoral que nous pouvions garder : la Laguna de Carmen , l'embouchure du Goazacoalcos, et Alvarado. Je me suis emparé de Tampico, et, ce qui était bien autrement difficile, je l'ai évacué, lorsque l'ordre m'en a été donné, malgré les obstacles que nous oppo-saient la barre dangereuse du fleuve, des coups de vent violents sur une rade foraine et la présence de deux mille soldats mexicains.

L'Académie me pardonnera d'être entré dans des dé-tails qui ne sauraient la toucher qu'indirectement : ce sont mes travaux bien plus que mes services que j'ose lui demander d'apprécier; mais lorsque j'avoue l'ambition de remplacer des hommes qui ont été à la fois des savants distingués et d'excellents officiers de mer, il faut bien que je dise tout ce que j'ai fait pour m'efforcer de marcher sur leurs traces.

J'ai puisé le goût de l'hydrographie dans des traditions de famille. Mon père avait fait, comme enseigne de vaisseau, la campagne du contre-amiral d'Entrecasteaux qui fut, vers la fin de 1791, envoyé avec deux corvettes à la recherche des bâtiments de La Pérouse. On ne pouvait avoir été témoin des travaux de M. Beautemps-Beaupré dans le cours de cette expédition, sans conserver une profonde sympathie pour une science dont chaque effort contribue à la sécurité du marin. Pour la première fois les levés sous voiles se trouvèrent dégagés des erreurs dues à une *estime* incertaine; les sondeurs purent déterminer eux-mêmes leur position sans avoir besoin du concours d'autres observateurs placés à terre. Tout devint simple et précis dans les opérations de l'hydrographie française, et avant que les autres nations eussent songé à lui emprunter ses méthodes, M. Beautemps-Beaupré avait confirmé sa priorité par de nombreuses et importantes publications. Ce célèbre hydrographe était resté l'ami intime de mon père. Dirigé par ses conseils, secondé par ses élèves, j'entrepris en 1841 la reconnaissance hydrographique des côtes méridionales de l'île de Sardaigne. Ce travail n'a pas été inutile à notre marine, lorsqu'elle dut affronter, pendant deux hivers rigoureux, les tempêtes du canal de Malte, pour porter aux troupes campées sous les murs de Sébastopol des secours impatiemment attendus. Les ports de Cagliari, de Palmas, de San-Pietro dont on ignorait, avant notre exploration, non pas l'existence mais la sûreté merveilleuse, reçurent alors à diverses reprises nos vaisseaux fatigués, trop heureux de trouver sur leur route de pareils refuges.

La Sardaigne n'était pas plus connue que les ports si vastes dont la nature a doté presque à chaque pas ses rivages. J'essayai de décrire les mœurs de ses habitants, les procédés de son agriculture, j'indiquai les ressources inexploitées de son sol, les facilités que, par sa position, elle pouvait offrir au commerce. Une collection d'échantillons géologiques que je rapportai à Paris fut agréée par le Muséum et trouva place dans les galeries de cet établissement.

Ce fut par la recherche d'un danger situé à 15 ou 20 milles au sud du rocher du Toro que nous terminâmes notre seconde campagne. Plusieurs capitaines avaient signalé à diverses reprises, sur la route que suivent presque tous les navires pour se rendre de Gibraltar ou de Marseille dans le Levant, un écueil sous-marin sur lequel ils avaient failli se briser. Cet écueil, quand on le cherchait, on ne le retrouvait plus. Quand on voulait le rayer de nos cartes, des protestations s'élevaient de toutes parts et pour ainsi dire d'outre-tombe. Un *master* anglais l'avait vu en 1795 : il cita le cutter *le Fox* comme étant resté échoué, sous ses yeux, pendant plus d'une heure sur ce récif. Il fallut donc nous mettre courageusement à l'œuvre. Nous interrogeâmes, pendant deux mois consécutifs, le banc qui descend en pente douce de la baie de Palmas vers l'île de la Galite. Aucune inégalité de terrain ne nous annonça l'approche d'un écueil. L'aiguille qui devait s'élever d'un fond de 110 mètres jusqu'à un ou deux mètres au-dessous de la surface de la mer, continua d'échapper à toutes nos investigations. Nous n'affirmâmes rien cependant. Tant de sondages négatifs ne nous inspirèrent que des doutes. Nous dîmes au navigateur : « Il serait bien étrange que sur ce terrain, sillonné par nous dans tous les sens, il se trouvât un écueil assez escarpé pour avoir glissé entre toutes nos sondes, entre toutes nos routes. Néanmoins, cet écueil, si improbable qu'il soit, n'est pas un écueil impossible. Ne le traitez pas comme tel, et quand vous passerez dans ces parages, continuez à redoubler de surveillance. »

La circonspection doit être une des premières vertus de l'hydrographe. La suite nous le fit bien voir. Tout le monde a entendu parler de cette île qui s'éleva un beau jour au milieu du canal de Malte, dont l'Angleterre et le royaume des Deux-Siciles se disputèrent la possession, et qui s'abîma plus rapidement encore qu'elle n'avait surgi. A la place où apparaissait naguère son cône noir et fumant, on signala d'abord un écueil ; puis vinrent des explorateurs qui annoncèrent que l'écueil même avait disparu. Nous fûmes envoyés sur les lieux avec le brick *la Comète* pour vérifier le fait. Nous avions avec nous l'ingénieur hydrographe qui avait, le premier, levé le plan du plateau où les débris de l'île Julia n'avaient, disait-on, laissé d'autres traces qu'un haut-fond recouvert de 40 mètres d'eau. Nous mouillâmes sur ce plateau. Nous sondâmes, nous aussi ; nous niâmes, nous aussi, l'existence du prétendu récif. Nous crûmes que tout était rentré dans les entrailles de la terre, qu'il ne restait plus de cette île d'un jour que les débris noirâtres que notre sonde retrouvait éparpillés sur le fond. Puis, pendant que nous nous indignions des doutes qui avaient accueilli la première exploration, un de nos canots ressentit une lame un peu plus vive, un peu plus creuse que les autres. Les canotiers regardèrent au dehors, et, sous la quille même de l'embarcation, ils aperçurent à trois ou quatre mètres sous l'eau, comme une grande voile blanche étendue.

C'était la roche Julia, c'était le cratère même dont le noyau solide résistait encore aux tempêtes quand les flancs vomis par le volcan s'étaient depuis longtemps écroulés. La leçon ne fut pas perdue pour nous. Sans doute la même roche, signalée par des observateurs différents, peut se multiplier sur les cartes, grâce aux diverses positions qu'on lui assigne. Sans doute des marins ont pu signaler pour des écueils des débris de navires, des troncs d'arbres entraînés par les courants, des baleines abandonnées, des glaces flottant à fleur d'eau ; mais avant de récuser leurs témoignages, il y faut regarder à deux fois, et peut-être les lumières du géologue pourraient-elles souvent, en pareil cas, venir en aide aux recherches de l'hydrographe.

La campagne des côtes de Sardaigne m'avait montré l'attrait particulier qui peut s'attacher à notre profession pendant le cours même d'une paix qu'aucun incident ne vient troubler. Un plus vaste champ devait s'ouvrir bientôt à mes observations. Au mois d'avril 1847 je partis de Cherbourg sur la corvette *la Bayonnaise* pour aller faire partie de la division navale réunie dans les mers de Chine. A mon arrivée sur la rade de Macao, cette division avait cessé d'exister. Les deux bâtiments dont elle se composait, la frégate *la Gloire* et la corvette *la Victorieuse*, venaient de faire naufrage sur les côtes de Corée. Je restai seul chargé de la protection de nos intérêts dans ces mers lointaines. Ce rôle m'imposa une activité incessante. Plus de la moitié du temps que dura notre campagne se passa sous voiles. J'avais, pour gagner Macao à contre-mousson, traversé la mer des Moluques. Dans le cours de ma longue station, j'étendis mes explorations jusqu'aux îles Mariannes et jusqu'à l'extrémité de l'Archipel des Carolines. C'est dans une de ces courses que je visitai l'île Oualan découverte par M. Duperrey, île dont il n'avait plus entendu parler depuis 1828, et dont je lui rapportai, à sa grande joie, des nouvelles en 1851.

Je naviguais presque constamment dans des parages imparfaitement connus et dont l'hydrographie eût été tout entière à refaire. Je pus ainsi rectifier plusieurs positions erronées. Ces erreurs sont fréquentes dans des mers où les géographes ont dû trop souvent, pour dresser leurs cartes, combiner les résultats fournis par des observations successives.

Si les loisirs me manquaient pour poursuivre avec fruit de grandes reconnaissances hydrographiques, j'avais heureusement, dans les riches colonies qu'il m'était donné de visiter, d'autres moissons à faire. Une des questions que je mis le plus de soin à approfondir, concernait le système de culture qui a transformé en quelques années la grande île de Java et qui a converti une colonie presque improductive en une mine inépuisable destinée à soutenir, à elle seule, le crédit de la métropole. Après avoir observé ce que peut donner de profits une exploitation intelligente, j'eus l'occasion d'admirer aux Philippines les heureux résultats d'une administration paternelle. J'avais dû me borner à errer sur la lisière du Céleste Empire, mais je sentais instinctivement que de nouvelles destinées attendaient ses 400 millions d'habitants. Je livrai donc à la publicité mes impressions, mes études et jusqu'à mes prophéties. Quoique *le voyage de la Bayonnaise en Chine* ait eu le sort de tous les voyages, qu'il offre un tableau dont les traits devront nécessairement s'altérer par le temps, il contient, je crois, quelques renseignements qui n'ont point encore perdu leur intérêt.

Mon père avait visité vers la fin du siècle dernier les parages que je parcourais cinquante-sept ans plus tard. Les notes qu'il m'avait laissées, ses entretiens dont j'avais gardé la mémoire, m'inspirèrent la pensée de rassembler des souvenirs qui étaient déjà de l'histoire. Par un scrupule exagéré pour des susceptibilités que je craignais d'autant plus de froisser, qu'il s'agissait de publier des jugements dont je ne serais pas directement responsable, je couvris du voile du pseudonyme les personnages et les navires que mon récit mettait en scène. Je me suis aperçu depuis lors que j'avais pris là une précaution tout à fait superflue. Le voile eût été par trop transparent, s'il eût été nécessaire. Les ménagements que j'ai su garder, sans qu'il en coûtât aucun sacrifice à la vérité, l'ont heureusement rendu inutile. Je compte donc rétablir dans une prochaine édition les noms que j'avais défigurés et rendre ainsi aux *Souvenirs d'un Amiral* le caractère historique que je n'ai aucune raison de leur enlever.

*Le voyage en Chine, les Souvenirs d'un Amiral, la Sardaigne en* 1842 ont été l'œuvre du voyageur et de l'hydrographe. Mais je me suis aussi occupé de travaux historiques. J'étais encore un très-jeune officier, lorsque je publiai dans *la Revue des Deux-Mondes* une série d'articles qui furent réunis plus tard sous le titre de *Guerres maritimes*. Je voulais pénétrer le secret des grands tacticiens dont les triomphes faciles nous étonnent encore. Je trouvai moins de tactique que je ne m'y attendais dans toutes ces batailles de sinistre mémoire. J'y trouvai surtout la supériorité d'une forte discipline sur une discipline relâchée, la victoire d'une bonne artillerie sur une artillerie négligée et guidée par de faux principes.

J'étais encore tout imbu de ces études quand je pris, au mois de novembre 1852, le commandement de la frégate-école des matelots-canonniers. Nous ne nous bornâmes pas sur cette frégate à former des artilleurs de mer. Nous mîmes à l'étude les projets de tout genre qui nous furent soumis. De ces projets, beaucoup se sont évanouis sans laisser de traces. D'autres, au contraire, épurés par de patientes expériences, ont introduit dans le service de l'artillerie navale d'importants progrès. *Le tir convergent*, qui offre à la fois au capitaine la facilité de concentrer son feu sur un point donné, de préparer le pointage de ses pièces à l'avance, ou de tirer *au jugé* lorsque la fumée est trop intense; *le tir convergent*, d'abord rebuté par des préventions trop promptes, est aujourd'hui installé sur tous nos vaisseaux. Les premiers essais en furent faits sur *l'Uranie* pendant que je commandais cette frégate. *Le Montebello* partit pour la mer Noire muni par nos soins des appareils de pointage que nous avions éprouvés et décrits. Une nouvelle édition du *Manuel du Matelot-Canonnier* fut, à la même époque, soumise à l'approbation du ministre. Tous les projets de perfectionnement avaient trouvé accueil auprès de nous. Il nous appartenait de mettre au niveau des perfectionnements dûment constatés le livre élémentaire où les canonniers de la flotte devaient puiser leur instruction.

Lorsque le traité de Paris eut fait rentrer dans nos ports nos nombreux armements, le ministre de la marine, qui était alors M. l'amiral Hamelin, sentit la nécessité d'assurer la conservation de l'immense matériel qui était peu à peu descendu des chantiers. Il voulut aussi introduire plus de mobilité dans la composition de nos équipages, et faire passer dans les règlements ce qui avait déjà pris pied dans le domaine des faits. Pendant près de vingt mois je présidai les commissions qui élaborèrent ces organisations nouvelles. Trois ans plus tard M. le marquis de Chasseloup-Laubat me confia la présidence de la commission des pêches et de la domanialité maritime. A mon retour du Mexique, il me chargea de préparer, de concert avec les sommités médicales de la flotte, le projet des réformes qui semblent devoir communiquer une vie nouvelle au corps de santé de la marine.

J'ai dû à ces diverses missions de ne rester étranger à aucune des questions qui peuvent concerner un officier de marine. Mais c'est dans les travaux qui ont occupé ma jeunesse que je crois pouvoir trouver encore le meilleur emploi des jours que je ne donnerai pas à la navigation. Il y a quelques mois à peine, profitant de quelques instants de loisir, j'ai voulu rassembler les souvenirs des premières années de mon existence maritime. J'ai écrit *la Marine d'autrefois, souvenirs d'un marin d'aujourd'hui*. En me reportant ainsi à l'époque où j'avais débuté dans la carrière, j'ai été étonné des changements prodigieux que quelques années avaient opérés autour de moi. Les hommes, les navires, les canons, tout avait disparu. Ce siècle marche vite. Pour marcher de pair avec lui, il faut sans cesse étudier, il faut sans cesse apprendre. En encourageant dans notre corps le goût des études scientifiques, l'Académie n'a point à craindre de détourner nos officiers des devoirs plus essentiels de leur profession. La marine qui balança pendant quatre ans, dans les mers de l'Inde et des Antilles, la fortune de l'Angleterre, avait pris la science pour base de ses progrès. Elle a perfectionné, non plus à l'aide d'un vague empirisme, mais par des méthodes sûres et précises, la construction de ses vaisseaux, la navigation de ses flottes, la manœuvre de ses escadres. Elle comptait autant d'officiers studieux que d'officiers vaillants, et c'est à ce double titre que je voudrais offrir à l'époque présente la marine de Louis XVI comme un excellent modèle à suivre. Depuis cinq années j'ai consacré tous mes instants de loisir à compulser les archives du ministère et des ports. Peut-être me sera-t-il donné de pouvoir tracer un jour le tableau de cette admirable renaissance maritime à laquelle la noblesse française a dû ses dernières gloires, à laquelle les États-Unis d'Amérique ont dû leur indépendance.

Après ce trop long exposé dans lequel l'Académie voudra bien, je l'espère, ne voir que le haut prix que j'attache à ses suffrages, il me reste à résumer en quelques mots mes titres scientifiques.

Ces titres se composent :

1° De quatre ouvrages formant sept volumes.

*Guerres maritimes sous la République et l'Empire*, 2 vol., 4ᵉ édition ; 1846 à 1865.

*Voyage en Chine*, 2 vol., 2ᵉ édition ; 1854 à 1865.

*Souvenirs d'un Amiral ;* 2 vol., 1860.

*La marine d'autrefois et la Sardaigne en* 1842 ; 1 vol., 1865.

2° De six cartes particulières et d'une carte générale, résultat d'une reconnaissance hydrographique accomplie sur les côtes méridionales de Sardaigne.

3° D'un voyage autour du monde, pendant lequel j'ai visité successivement les mers de Timor, des Moluques, de Java et de Chine, le cap de Bonne-Espérance, le Brésil et les archipels de l'Océanie.

E. JURIEN DE LA GRAVIÈRE.

Paris, 10 octobre 1865.

8424 — IMPRIMERIE GÉNÉRALE DE CH. LAHURE

Rue de Fleurus, 9, à Paris